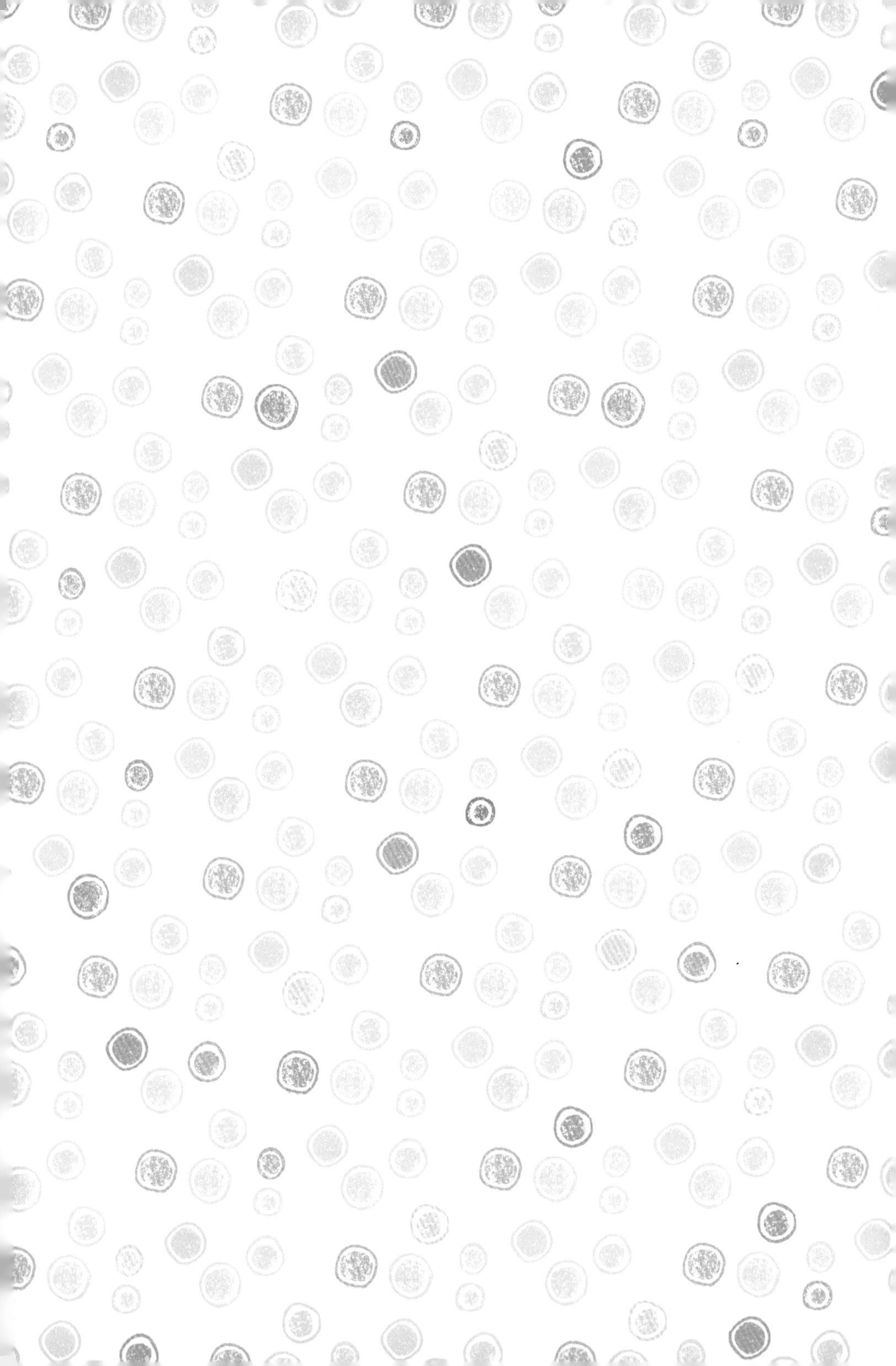

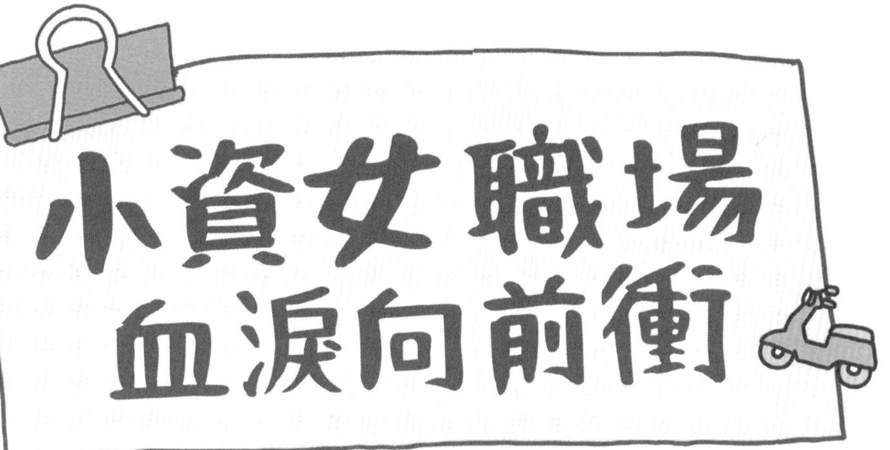

生活就是一邊前進，一邊轉彎

帕帕珍 PapaJane 著

目錄

Chapter 01

畢業後找工作，是地獄的開始

Chapter 02

職場上的厭世與體悟

Chapter 03

愈挫愈勇，這就是人生！

畢業後找工作，是地獄的開始

夢想真的能當飯吃嗎？

要選擇接案還是當個上班族？

畢業後遭遇到的工作煩惱與難關，

睡一覺醒來再好好面對吧！

夢想的起點

小時候的我是個爆炸頭。
外型經常被嘲笑，
這讓我沒什麼自信。
好好笑！
頭好像鳥窩。
窩在角落畫圖，
讓我很有安全感。
角落的爆炸頭
帕帕妳畫得
很不錯喔！
老師
原來妳會畫畫耶！
因為畫畫而被肯定，
所以我喜歡畫畫。
單純

我也很愛看漫畫，如果能成為漫畫家就好了。
長大後，頭髮沒這麼捲了，還是想成為漫畫家。
阿爸阿母，我考上藝術大學的設計系！
設計系…
妳有想過這科系好找工作嗎？不過我唸妳也沒用…
隨便妳。
因為我是老么。
妳對自己的人生負責吧！
父母沒什麼力氣管我的。
我興奮地離家去台北念書。
脫韁野馬！
唉～

在大學畢業前，我去中國當交換學生。
為了交換資格，還故意延畢。
對！我就是在逃避出社會。
而交換學生期間，我開始投稿漫畫出版社。
得到中國出版社的邀請！
我們有兒童漫畫雜誌。妳願意每個月連載嗎？
編輯
我成為夢想中的漫畫家了！
媽！我拿到漫畫連載了！畢業後我想留在台北，把畫畫當工作養活自己！
(視訊)
…妳的稿費有高到可以在台北生活嗎？幹嘛不回老家畫呢？
?
登愣

其實漫畫稿費，根本不夠
我台北租屋過活的。
……
交換學生完，我回到台北。
誒都，我會想辦法的。
阿母別擔心！
存摺
是齁，那妳自己加油囉。
其實當初想留在台北
最主要是一個人住，
非、常、自、在。
日夜顛倒
睡到中午
妳習慣眞不好捏。
想吃什麼
就吃什麼
也不會被家人碎碎念
如果稿費不夠
我在外地生活，
我就找打工兼差吧！
人因夢想而偉大吧？

太小看餐飲業

在網路上找「兼職」，發現很多奇怪工作…
時薪高的按摩小姐？交友小姐？
其中餐飲服務業居多，但早餐店特別吸引我！
因為我愛吃蛋餅＋奶茶
早餐店工作時間，大多是凌晨5點到下午1點，我就產生一個妄想。
早起上班
下午創作
藉著在早餐店工作，開始過早睡早起的生活。
就跑去應徵公寓附近的早餐店。
打量
住附近？
對！
好，明天5點可以來報到了。
老闆娘很阿莎力！
誒？好！

當晚沒有睡好，
凌晨直接報到。
街道都沒人啊！
一開始先學習簡單
分裝、外送。
先學用隔板，
把食物疊好。
老闆娘很親切，會帶
我認識環境。
這間髮廊、前面服飾
店、飲料店都是熟客。
外場另外一位資深人員就很兇。
外送這麼慢回來？
搞什麼鬼啊妳！
抱歉！
接著學煮大鍋紅茶，
要在高溫廚房作業。
廚房好熱
用溫度計確定85°C，
再把茶包放到水裡。
專業
溫度計

煮茶我蠻有成就感的，但開店前，老闆娘都會先試喝。
（喝）
嗯…茶澀了，妳重煮吧！
茶道
悲傷的是我覺得好喝，還是被退貨了！
工作就是煮飲料、接單、外送、做飲料、簡單處理食材（洗生菜、抹麵包醬料）。
不如字面上的容易，所有動作都要快狠準。
煮紅茶
洗菜
一早備料好…
上班族就蜂擁進來了！
我要起士蛋餅跟薯條。
豬排漢堡加溫紅茶。
豬排漢堡加蛋，雞塊加胡椒，兩杯去冰奶。
內用鮪魚土司加蛋，蛋半熟。
對臉盲症＋記憶不好的我，接單是一大考驗。

接單同時做飲料，不是專門飲料店，光是甜度、冰塊 、就要搞瘋我了。
記憶考驗大賽
去冰微糖奶茶。
少冰無糖紅。
正常甜少冰奶茶。
加奶精做奶茶
無糖
全糖
冰桶
有次我弄錯飲料，還耽擱外送單。
我要的是去冰喔，怎麼有冰塊啊？
不好意思，我重弄。
我是ＯＯ髮廊，餐還沒送嗎？
對不起！現在過去！
資深人員看我這麼慢…
碰！
客
直接爆氣踹吧台。
妳現在馬上去送餐！
好！
我太小看兼職，太小看餐飲業了！

外場只有我們兩個人，
職場氣氛很差。
沒被罵今天算賺到了。
生活作息變成日夜顛倒，
下了班就直接補眠。
（飛撲）
睡到晚上再起來畫稿。
好想睡
這份兼職適合我嗎…？
一想到同事爆氣，
上班變得真痛苦。
我承認自己很遜，但是
「離職並不可恥吧」！
此時大學老師問我要不要去
國小當美術代課老師？
天上掉下一個跟我專長
比較符合的工作？
印象妳喜歡
畫漫畫，有
興趣做嗎？
白天固定幾堂課，
雖然收入也不多。
有！

下班就找老闆親談了。
老闆娘不好意思，我想離職！
為什麼？有人對妳很兇嗎？
不是不是，是剛好有代課老師機會。
離職的真實理由真是不好說。
妳有先說就好，有人直接曠職不來，PT真難找！
看來老闆娘也習慣狠角色了。
之後跟姊姊聊天…
雖然很不好意思，幸好老闆很爽快。
姊
幹嘛不好意思，這幾個月她有幫妳保險嗎？
啊？什麼保險？
看來她沒保，以後打工，要問老闆有沒有幫妳保險啊！萬一工作時受傷怎麼辦？
後來才知道，即使打工，雇主都要幫員工保就業保險！這是基本權益。

靠話術才能生存的老師

在當代課老師前，大學時我有在小畫室打過工。
之前的經驗，比起教學…
我更擔心跟學生的互動。
我爸爸是大老闆，妳對我不好，會解雇妳喔！
第一次上課是主任先帶著我。
陳老師請產假，之後由帕帕老師上美術課喔！
大家好！
我自己觀察學校主任…
要守規矩喔！
是馴獸師嗎？
主任在時，學生都很安靜。
發紙囉！
但觀察到我沒有氣場…
老師，那個我們家也有！
老師我爸爸他…
老師為什麼？
就躁動(失控)起來。

上課一陣子，學生跟我講話都像喇低賽。
老師，我畫完了，可以出去玩嗎？
你當我塑膠嗎？
單然母湯。
老師，為什麼妳沒有男朋友啊？
哈哈哈
我也不知道…到底是為什麼呢？
燒腦的是準備教案…
在家試做中拼貼+蠟筆
要用私人時間做準備。
單純畫圖，久了會很單調。
還要剪貼喔。
我畫完了！
所以加一點手作元素。(拖延時間戰術)
在小學代課，與其說上課，花更多時間在管秩序。
安靜！(撕破喉嚨)你也坐回去！
深夜自我檢討大會。
如何讓學生乖乖坐著？
怎麼做大家才會安靜？

幸好每個班級都有很貼心的學生。
老師我幫妳拿。
謝謝！
太優秀了，她叫什麼名字？
但會被我記得名字的都是比較皮的小孩。
王小明哩賣造！上課不准跑出去！
我不想畫畫！
也有下課跑去打架的。
老蘇，小明打架流血了，他在保健室裡。
什麼！
幸好沒有很嚴重，主任也沒有責怪我的意思。
沒事就好，不要緊張。
是他先推我的！
老師要有話術跟小孩溝通…
你打架受傷，老師看到很難過耶！下次別這樣了。
嗯…
有點傲嬌
你看鼻孔都塞衛生紙了。
我很害怕學生出事，會被家長蓋布袋。

有次下課，我上廁所後發現錢包居然不見。
剛剛明明有看到！
但也不想去懷疑學生。
如果有同學看到，請拿給我，裡面有我很重要的東西！
方形咖啡色，裡面有證件。
第二天。
在操場撿到的。
居然回來了！而且沒有損失。
深夜自我檢討大會。
學生討厭我嗎？
覺得上課很無聊？
我果然不適合教學！
但學期末，收到學生卡片。
老師上課好好笑，謝謝妳！
(感動)
甚至還有老師還說…
要不要來我的才藝班兼差？
很意外地，我還算適合教學嗎？

對未來的走向猶豫不決

來才藝班可以轉正職，
妳的收入也可以更穩定。
但我在想…
如果都要做正職，
除了才藝班老師…
（偷瞄下班的通勤ＯＬ）
會不會當個上班族比較適合我呢？還是要轉換跑道？
照我的專科去做平面美編嗎？
轉行當業務？
(沉思…)
還是學塔羅、往靈性事業發展(？)
正常畢業就工作的朋友們，
都已經工作兩年多了。
我公司制度啊…
我的主管也很煩…
放空
是說帕帕的漫畫順利嗎？
誒，我的連載…

其實讀者反應
沒有很好…
唉
還是很厲害啊！
有這個機會。
但我只是個
半調子罷了。
我的作品一點知名度
也沒有。
儘管每個月我盡力
跟編輯討論、完稿。
但漫畫月刊，都有讀者
評價壓力跟淘汰機制。
NO.1
NO.2
NO.3
倒數名次
(我在這)
像我這樣反應不好的作品
隨時會被停止連載。
帕帕會跟小Ｙ
討論漫畫吧？
會啊！
小Y
當時我跟大學朋友
小Ｙ一起租屋。
我們都喜歡動漫畫。
主角好帥
小Ｙ
超帥
小Ｙ也有在網路經
營自己的創作。
她的粉絲團人氣很高，常被分享。
小Ｙ的作品，我同
事也有在看呢！
我同事也
有在追！
她的漫畫很有趣！

妳也可以試試看啊，畫網路漫畫。
也是呢！畢竟是網路時代了。
其實，我有在經營了，只是沒人知道。
自己按讚
但跟小Y比起來，我就不好意思說。
很羨慕妳在做喜歡的事呢，加油囉！
ByeBye～
謝謝啦！
真的是在做喜歡的事嗎？但我沒有喜悅感。
現實
繳房租時，我被拉回現實。
當時我的稿費跟代課薪水，才勉強有兩萬而已。
其他水電、瓦斯網路費、電話費等哩哩扣扣。
伙食開銷七千多。
很宅還是會有娛樂費。
公寓從大學開始住，頂樓加蓋雅房，租金五千。
存摺

不行，我必須加油
打起精神來！
先想辦法讓連載起死回生！
叮咚！
咦？是編輯
的訊息…
編輯：帕帕，ＱＱ不好意思，
這次編輯會議討論完後…
編輯：作品可以準備收尾囉！
希望有機會還可以跟妳合作！
阿咧，我的連載被腰斬了。
…
有點反應不過來…
跟、跟小Ｙ
討論一下！
小Ｙ那個…
誒！這是妳的
新刊嗎？
沒錯！剛印完的！
準備在同人場賣。

除了擺攤賣書，還有郵寄要處理，要變更忙了！
這次預購反應不錯，可以放心加印了！
小Y很強，完全靠自己網路經營、印刊販售。
需要幫妳裝書嗎？
沒關係喔，我有找小幫手。
當我睡到中午時，小Y已經在創作了。
她作息很自律，每天更新漫畫。
她喜歡下廚、吃得很健康。
參加各種活動、講座。
我的創作生活，就是日夜顛倒。
中午了…
幾乎外食，打工完就宅在家。
我們都在創作，但小Y把自己的生活過得很好。
妳剛剛想問我什麼嗎？
就是…

小ㄚ畫畫時，
會因為對未來
感到不安…
而想當個上
班族嗎？
不會！漫畫是我的命！
就算收入不穩定…
我喜歡現在的生活，
我要一直畫下去！

我一直覺得我缺了什麼，
還是我不夠努力…
是我根本沒才華？
或生活經驗不夠？
還是沒有像小ㄚ那樣
自律、充實過生活？

最重要的是，
現在，我沒有
那股熱情了。
我也不喜歡
現在的自己。

結束想靠創作為生的日子

填自己專長時，寫海報、ＤＭ、印刷品讓我很心虛。
其實我只會畫畫！
根本沒做過正式的商業作品。
過幾天，真的有案主找我詢價。
妳好，請問有接案嗎？
但我不知道怎麼開價！
製程？
交期？
印刷費？
很多專業問題，我都不會回答。
只好打電話給當過美編的姊姊求救！
報價跟印刷問題要怎麼回？
姊
妳的問題齁…
是妳還太嫩了。妳先認眞找工作吧。
姊
先在公司磨一陣子，正職做熟了，再嘗試接案吧！
好像也是…
現在的我根本…

根本
越級打怪！
LV.1
LV.99
因為沒自信，有人詢價，
我開很低的價格…
接到了瘦身網頁的插圖。
題材是蠻有趣的…
護腕
但照自己行情要拿22K，
要畫幾百張，手會先爆掉！
媽媽知道連載漫畫結束後…
妳有沒有錢吃飯？
有啦有啦，不
會餓死的。
還偷偷匯錢給我！
提款機
這年紀應該要
給孝親費了吧！
我真是太沒用了。
要丟垃圾囉！
我想先把自
己丟掉。
誒？

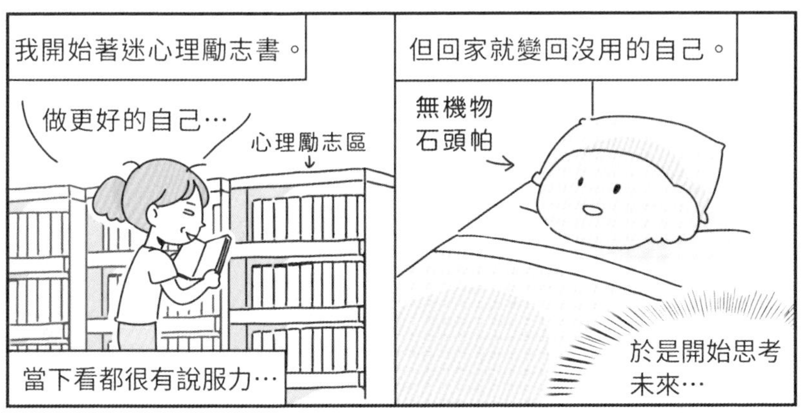
我開始著迷心理勵志書。
做更好的自己…
心理勵志區
當下看都很有說服力…
但回家就變回沒用的自己。
無機物
石頭帕
於是開始思考
未來…

我到底想做什麼？
連載可以再提案喔！
或許能開新連載。
漫畫編輯
我沒勇氣
再畫漫畫了！
想當才藝班老師，
可以跟我聯絡喔！
學校老師
其實我不喜歡
管小孩秩序！

我好挑剔啊！我到
底適合做什麼？
妳適合…
如果有分類帽或神仙
給我指點就好了！
還是發自內心問
自己的渴望吧！

我想做個普通上班族，
可以好好地養活自己。
叮
打卡鐘→
這樣就好了，這就
是我的目標！
最後的連載完成後…
我把畫具、稿紙、光桌
收好，想找個網拍賣掉。
總算結束了…
（打包好）
想靠創作維生的日子。
雖然對自己有點生氣…
生氣自己做得不夠好，
不夠用心跟努力。

氣自己執著又半途而廢，根本是逃避工作，浪費時間。
氣自己沒有實踐夢想，只是在做白日夢。

氣自己只是這樣。
但掃地機器人碰到障礙物，都懂得轉彎了。

我也轉個彎吧，好好地找份工作。
Z Z Z
先把自己照顧好，之後的事情之後再說吧。

嘗試廣告公司的招考

了解現在的自己不適合當SOHO族…
我必須養活自己
我開始以正職為目標！
穿襯衫看起來還真有一回事…
陸續面試。
我們美編除了做圖，也要跑業務喔。
做圖不用太強，主要是業務。偶爾要出差，可以接受嗎？
可、可以喔。
到底是徵美編還是業務，儘管我都說可以…
最後還是沒被錄取。
找工作…
好難啊！
此時看到學長在社群留言。
阿豪學長
我們公司招新血啦，學弟妹們快來報考！

學長在日系廣告公司工作。
世界各國都有它的分部，台北就有2間旗下的公司。
學妹要不要試試看？
叮咚
學長知道我有在畫漫畫，就鼓勵我去報考。
廣告拍片的分鏡跟漫畫很像，所以妳很有優勢喔！
…
在我很後悔喜歡畫畫時，這些話很鼓舞我。
而且日系廣告拍得很有趣，讓人想一直看。
最長口香糖
我對廣告業更有了憧憬。
但一看到招考程序很複雜，起初我是不抱任何希望的。
因為總共有4道關卡，簡直就像奧運障礙賽。
書面資料
筆試
面試
社會化（？）
錄取

總之寄了第一關書面資料。
這麼大的公司怎麼可能用我呢？
第1關竟然過了！幾天後要去第2關筆試！
不抱期待反而有希望？
這個招考，是徵2個職位。
1.創意人員(美術、文案)。
2.業務。
我是報創意人員。
一群人在大會議室筆試，讓我想起大學考試。
至於考題，畢竟是廣告公司，創意題是很天馬行空的。
考題：想要什麼超能力？你會拿來做什麼？請用文字或畫面表現。
呃，我想要有印鈔超能力不限幣種，自由開關。

也有一般的考題，
邏輯題跟英文考卷。
這…
創意題可以用畫的，其他
正經題目，我都亂寫一通。
這是什麼？
邏輯題目完全看不懂。
考完會懷疑自己的智商，
也覺得之前都沒好好學英文。
就在很沮喪時…
又被通知要進
第3關面試了！
自暴自棄，
更有希望？
本來以為
有面試經驗，
不要太緊張…
平常心、平常心。
但打開門，看到各部門大主管
一字排開，又開始緊張。
各位主管好！

面試過程，
就像聊天一樣，
也有主管先說⋯
廣告公司很辛苦喔！
妳怎麼會想來？
最有印象的問題是⋯
妳有畫過漫畫，這段創作
經驗是什麼感覺？
呃⋯
我覺得很像長跑，
每個人跑步都有
自己的節奏。
如果了解自己的步調，
持之以恆，創作就會
比較順利。
心虛
講得頭頭是道，
但其實我放棄畫圖了。
後來被通知
最後一關「社會化」。
居然還是過了，
社會化是什麼？
「社會化」是先到公司工
作3天，完成一個提案。
好開心！我要有工作了（？）
這期間有薪水，我當下都覺得
自己算是應徵上了(吧)。

其實這關有12個人，
主管會先出考題。
如果有一筆行銷預算要推廣原住民文化，你會用什麼方法呈現？
第3天提案給主管，當晚會確認是否錄取你。
考生可以帶自己的筆電來工作。
聊天時看其他考生的作品集、學經歷…
這是你做的影片？好強！
還好啦。
就知道自己跟他們的程度差很多。
但我全力以赴。
熬夜找資料、作圖，第3天發表提案。
最後通知，沒有錄取。
但我盡力了。
工作再慢慢找吧…

繼續應徵各種面試

最後一關被刷掉，
讓我難過了一陣子。
叮
再投投看其他廣告公司吧，
廣告業真的很有趣！
得到學長的鼓勵後
又燃起我的鬥志！
在學生時期，就有點
仰慕這位學長。
熱心人緣好
（遠望）
因爲廣告招考，而跟學長
搭上線，讓我很開心。
總結下來，想
進廣告公司是
因為男人嗎？
姊
如果學長在做炸雞排，
搞不好我現在就在做炸
雞排了呢。
此時對人生很迷惘，
同時也是戀愛笨蛋。
雞排業很
有趣喔！

當然我也不服輸，同時學校代課結束，我也沒去做才藝班。
此時。背水一戰！
認真研究廣告作品，再花一個月重做作品集。
台北所有廣告公司幾乎投過一輪後…
石沈大海的面試信。
音訊全無。
糾結廣告公司根本母湯！
拜偷給我工作！
現在，只要有公司願意用我就好了！
開始面試很多公司美編。
之前是教畫畫的？為什麼要轉美編？
因為…
育嬰用品
妳可以獨立作業嗎？
我會盡力的！
資訊公司
沒相關經驗、又沒自信，只能狂投履歷、多多面試。
妳對自己的未來有什麼期許嗎？
誒…
行銷公司

這間應該也不會上了。
我的未來，究竟在哪裡呢？
無業還硬要待在台北嗎？
開始考慮回老家時…
（整理衣服）
鈴！鈴！
我們是ＯＯ廣告公司，對妳的應徵作品有興趣。妳可以來面試嗎？
沒問題！
投了N家，唯一有回覆我的廣告公司。
UNI OLO
HonDA
7-TEN
還是大型日系廣告公司，負責許多知名品牌廣告。

研究很多面試分享文。
首要凸顯專長跟個人特色！
談到我的專長…
只有畫漫畫，
只會畫漫畫…
於是我做了紙芝居，
想用來自我介紹。
這是日本還沒有電視時，在
木盒插上圖畫，換圖說故事的
表演(觀眾主要是小孩)。
從前，有個
人叫帕帕…
我叫
帕帕！
用厚紙版做
面試當日，得到面試官
尷尬不失禮貌的微笑。
…
我有漫畫連載
的經驗！
是很有趣，但很抱歉，
妳不是我要的類型！
(打擊)

但別的組好像需要喔！
我帶妳去見其他主管。
被帶到高級辦公室，見到
很有氣勢的女主管。
妳好！
好，請坐。
先講清楚好了，我們基層
設計師從三萬開始。
快速翻閱
作品集
在這裡工作，就是責任制。
常加班，沒加班費，
做完才可以離開。
廣告業非常血汗，
妳真的有熱情嗎？
有的！我很希望可以
在這裡工作！
當下我想要一份
工作想瘋了。

嗯，但基本上我不會用沒有廣告公司經驗的人。
有需要我們再聯絡妳吧！
好的…
看來還是不會上了。
她拿了名片給我，原來是創意部最高總監。
謝謝總監！
回家後，先照著名片的信箱寫了封感謝信。
謝謝給我面試機會
（驚魂未定）
過了幾天…
繼續努力找工作吧。
鈴鈴鈴！
妳好，我是OO廣告的人資，請問妳何時可以來報到？

正式成爲公司職員

畢業兩年多，終於…
有公司錄取我了！
普天重慶
今天不煮泡麵，吃
別人幫我煮的。
滷味
加泡麵。

報到那天，再次
見到創意執行長。
帕帕來報到了！
好！
我一向不用沒有廣告經驗的
新人，但因為妳會畫漫畫。
咦？

很剛好，我們客戶有一隻吉祥物
需要經營，所以想找妳試試看！
覺得畫圖沒用的我，
居然因為會畫圖
而得到工作！
某超商知名吉祥物

但不能確認妳的能力，
所以我先跟妳簽一年約聘制。
哪尼！
雖然是約聘，但我
只要有工作就萬幸了！
沒問題的話，人資
等下就給妳合約。
好的！
如果表現良好也有機會
轉正職，但也有人喜歡
走約聘制。
人資
還有「保密條款」跟「人事
保證書」合約，麻煩找個
保證人簽名就好了。
入職要簽好多合約！
從小父母都灌輸我
絕不要當保證人。
要保證我
不會造成
公司損失
但公司是有規模的外商，
儘管不安還是簽下去了。
就拜託姊姊當我
的入職保證人。

同時公寓的租約也快到期。
房東：妳們想續約嗎？
當時到公司要花一個小時通勤。
搭捷運
再轉公車（會暈車）
之後我想找公司附近的公寓住。
我是想找電梯大樓，這樣出刊物就不用搬上搬下了。
最後，跟小Y決定各奔東西找住處。
我很快就在公司的附近找到一間4坪的小雅房。
趕緊打包，聯絡搬家公司。
以為自己東西很少結果整理超多箱。

退租時，終於把房間清空。
好感慨啊，從大四開始住，畢業２年，也三年多了…
雖然是５樓加蓋的鐵皮屋…
在這留下很多回憶。
趕稿
耍廢
迷惘大哭
打工
在搬走前，也跟室友小Ｙ道別。
之後保重喔！
我真的很沒用，沒辦法堅持夢想。
不要這樣想！
當妳想畫圖時，再來畫吧！
好！搞不好以後畫職場漫畫呢！
沒想到一語成讖。

租屋規定是用來被打破的

這樣想想，之後我有正職，
可以把租屋預算拉高吧？
想要獨立女性的房間
時尚、美麗
這是畢業後，第一
次找新的住所耶！
興奮
驚！
但公司附近的套房，
基本都是一萬起跳！
黃金地段
的威力？
生活品質
省一點
VS
不行，我想存錢，反正也習慣
住雅房，還是找雅房吧！
自我安慰
把預算拉到兩萬以上，
會有什麼房間呢？
反正好奇不用錢

好、好漂亮，又時尚的房間！
這就是月租兩萬以上小套房！
無法直視
薪水三萬的我如果住了，
三餐就只能吃土吃到飽了。
有多少錢，
就做多少事吧。
這間公寓雅房都
符合我的需求！
妳好！吳小姐，我在租
屋網看到妳的PO文。
請問可以找
天看屋嗎？
緊張緊張
看屋當日。
我是吳小姐。
房東？

房間4坪，有基本家具、對外窗，六千含水不含電。
正中紅心！但不能表現太明顯。
妳有住過雅房嗎？
有的，這間很像我現在的房間。
那妳應該習慣共用衛浴了。
我也是房客喔，跟女兒住另外一間房間。
是小朋友嗎？
不，她也是上班族。
為了在台北買房，我們很努力存錢。
想在台北買房真的不容易！
感覺妳生活很單純，想租趕快聯絡我喔！
直球
回到家。
意外地好順利，才看一間，就要下決定了嗎…？
(等麵涼)

如果明天就被
租走怎麼辦？
…
妳好！吳小姐！是的！
房間很符合我的需求。
下週我就可以搬進去了！
搬家日。
母：妳搬家了嗎？
有請搬家公司嗎？
當然有喔，我以為我的房間
這麼小，還能有多少東西。
搬到3樓嗎？
對，謝謝！
結果包了十幾箱，
小貨車也算滿了。
認識室友。
妳好。
這是我女兒，其實妳們
年紀一樣大，另外…
我們這邊有規定不能
帶男朋友回家喔！
怔

我沒有
男朋友喔。
正確來說從沒有過…
也是呢，妳看
起來很單純。
吳小姐說的單純，是指
長相沒有異性緣嗎？
繼續收東西
住一段時間後。
去吃晚餐吧！
啊？
不好意思！他只是拿個東西，
請妳別跟我媽說。
快進去啦！
趁媽媽
不在…
媽媽如果發現女兒瞞著自己
交男朋友，會不會難過呢？

職場上的厭世與體悟

讓我下班！

發現自己是薪水小偷

不同之前的工作，第一次嗶卡上班。
嗶嗶
經過業務部，都是併桌在辦公。背景充斥敲鍵盤跟業務的對談聲。
前面是創意部
人資帶我到座位上，因為有隔間，創意部顯得安靜。
電腦是iMac的！但我不會用！
執行長也先照會我…
我安排妳到某個小組，你先做簡單的工作。
好的！
然後，先幫我買咖啡。
沒問題！
請用！
好，放著。

人資帶我到所屬的創意組。
妳的組長叫大威。
你好，我是帕帕。
大威辦公桌都是模型、自己孩子的照片。
妳加油！我先忙了。
好的。
話少但給人溫和感。
這個組有4個設計師跟1個文案。
主要是
小七（設計）
澄安（設計）
小文（文案）
設計A
設計B
大家好！
我負責服飾品牌，吉祥物主要是小七負責。
吉祥物的問題，妳可以問小七。
可以的話，我希望妳沒事別找我。
妳不要嚇新人。
誒？
是我的錯覺嗎？
氣氛怪怪的，為什麼呢？但現在…

先研究iMac的介面！
我從沒用過這個系統。
只用過Window
嗨！我是小花，是負責超商的業務，之後會發工作給妳！
好的！
妳有收到我的信嗎？
…我正要收。
（盯）
良久。
咦，妳會用iMac嗎？
對不起，我之前沒用過。
小七！新人不會用電腦，妳教教她吧。
蛤？
之後超商有案子，大威組長要妳帶新人提案喔！
什麼案子？

是史O比的懸掛造型看板，
妳是前輩，帶一下新人吧。
那有什麼好帶的？
那麼簡單的東西。
妳會用Adobe AI吧?
(*美編完稿軟體)
會一點點，我主要
都用PS（*主要修圖)
至少用AI完稿過吧？
妳之前待過設計公司吧？
對不起，我
都沒有過。
蛤？
妳連完稿都不會！
我要怎麼帶妳啊？
妳好猛，我第一次
碰到這種新人。
感受到大家的困惑。
這個人，
是來幹嘛的？

面對情緒化的機車主管

我先把妳的狀況跟大威組長說，看怎麼發工作給妳比較好喔。
好的…
戰力零的我，入職前幾天，沒有人敢發工作給我。
當薪水小偷心情也是很難熬
座位都有隔板，前輩們也各忙各的。
這好好笑！
我有到看。
……
我像隱形人般…
另外最苦惱的是，我可以準時下班嗎？
已經8點了…
明訂是10點上班，7點下班。
到下班時間，身後的前輩沒走，我也不敢走。
(鍵盤聲)
怎麼不下班呢？趁能準時下班，趕快下班喔！
好的！我走了。
等前輩趕人，才敢下班。

執行長下面有6個組長，各組長再帶5～6位創意人員。
執行長與總監（組長）們
每組文案只有1～2個，其他都是設計師。
對我來說靠文字工作更厲害了。
優雅的文案
文案比較少人…
但組長多是文案背景，相較設計，文案比較擅長提報、溝通跟整合。
面試我的也是文案出身
大雅組長
大威是公司唯一的設計師背景的組長。
蛤？帕帕之前沒待過設計公司？也沒完稿過？
要讓她做這次提案嗎？
當然要給她做啊。直接做、學最快啊！
那我發工作啦！
加油
業務會整理好客戶的需求，再請設計師提案。
這次聖誕節活動看板，要有開禮物的感覺，外框要有軋型。

大型的提案就要動員整組，但簡單製作物，組長只會指派2個。
設計師各出1款畫面，再由業務跟客戶提案。
A設計提1款
Merry Christmas
B設計提1款
Merry Christmas
業務提案
7-TEN
客戶選擇
兩個設計會有不同風格，讓客戶比較好做選擇。
請兩位把提案畫面寄給我喔，謝謝！
喔。
好的！
也有點競爭感。
總之有工作來了，給他拼了！
天啊，軟體不會用我好弱啊！
一邊看教學邊做。
小花，看板提案寄給妳囉。
好！還有製作物要請妳跟澄安提案。
喔！
做得好迅速！

因為不熟軟體，簡單的
製作物讓我加班到很晚。
Merry Christmas
弄完都
10點了！
下班回到家 爆累
HP
前輩都同時做很多製作物，
我只弄一個就累成這樣。
第二日。
客戶選妳的看板提案喔，
麻煩完稿檔案給我。
!
美感這東西說不準～
反正客戶喜歡就好了。
?
被選上很開心，但我…
很煩惱完稿！這是很重要的步驟，
尺寸、顏色、加工、不能掉圖，
檔案正確，才能順利進印刷。
檢查、檢查x100
小花，我寄出完稿檔了！
再麻煩妳了。
有喔，我給印刷廠了。

太好了，
順利結案？
第一個案件
製作成功？
咦，檔案有問題，
說是形狀不行。
小七妳幫帕帕
看一下啦！
蛤？
妳刀模太複雜了，要簡化，
不然印刷廠很難加工。
Merry Christmas
好的，謝謝妳！
給我檔案別再出問題了，
改完檔案先給小七看吧。
好的！對不起，我
會做好確認的！
檔案改完後…
小七，不好意思可以請妳
有空幫我看一下檔案嗎？
喂，妳要我這麼
直接說嗎？

這裡不是學校，我沒有義務教妳、幫妳。
我要每次幫妳檢查檔案嗎？妳到底怎麼被公司錄取的？
妳該不會是創意長的親戚吧？
不是的，我是主動應徵的！
雖然我能力不足，但我們是一個團隊，前輩不需要這樣說話吧？
↑這是我的妄想。
真實的我是這樣回應↓
眞的很對不起，造成妳的困擾，還是麻煩妳，拜託拜託。
今天一定要交給業務送印刷廠。
…把檔案丟到公區，我等下檢查。

用生命感激不藏私的前輩

對不起！實際操作上，
我沒有那麼熟悉！
但是我會盡快
熟悉軟體的！
大威組本來就不缺人，因為妳會畫漫畫，才特例讓妳進來。
證明妳的產值給我看，
別讓別人質疑我的決定！
每週用完稿軟體做畫稿給我！我要知道妳的程度在哪裡！
好的！
當我說要一張，就要給我2張。
要2張，就要給我提4張，
妳了解我的意思嗎？
好的！
（巨神化）

妳終於出來了，因為大家都很忙，有個稿件要請妳修。
好的！
檔案之前就好了，只要把商品換成新品就好囉！
這麼簡單的完稿我沒問題的！
我不敢再找小七了，這次沒問題的！
小花，我把檔案改好傳過去了！
那我去收。
應該順利…結束了吧？
誒，圖片連結掉了，印刷廠說找不到圖。
天啊！我明明知道，卻還是沒檢查到！
對不起，這次真的可以了。
不被信任了
真的嗎？還是給小七檢查一下。
嘖！

我真的是好廢。
變石頭
後來我買了很多教學書，
下班後照著練習。
家裡沒iMac，只好待在公司弄。
Adobe Ai
當時沒大提案，創意部
辦公室只剩我一個人。
好晚囉！
我真的待得下去嗎？
能力備受質疑，
前輩也討厭我。
喂！都這麼晚了！
妳還在公司？
澄安不是
下班了嗎？
我忘記東西回來拿，
…妳在哭嗎？
…沒事！
我只是…

覺得自己很沒用，
很對不起大家。
是因為
小七嗎？
也是我一直給她
添麻煩覺得很抱歉！
來！
衛生紙。
她的個性就是那樣。
小七操作吉祥物系列，
已經做了四年多囉。
這麼久！
所以當執行長要找新人
跟她一起操作吉祥物，
她的心情是很複雜的。
她覺得能力
被長官質疑吧？
但我們要對事不對人。
別覺得小七都在針對妳！
那是她的情緒，妳先把自
己的事做好就對了！
好的！

我寫一些完稿技巧給妳，以後多注意就不會出狀況了。
澄安負責項目跟我不同，我們平常也沒有互動。
還有一些輔助功能，我操作給妳看看。
謝謝妳！
小事啦！
我以前也是這樣過來的喔。
當新人總是被罵，被批得一文不値。
別怕，這是不能避免的陣痛期。
我沒有像妳哭這麼慘就是了。
快回家休息，明天打起精神再戰吧。
好！

將薪水轉成最愛的物品

雖然上班過程很艱辛，
但總算撐到了…
12月
5日
Thurday
領薪水的時候！
薪水入帳我好興奮啊！
$
我的血、汗跟尊嚴！
跟全職創作比起來，收入
變多了，也比較穩定。
保守的
金牛座
還有踏實的安全感！
至於拿到錢要做什麼咧？
總之先大
吃大喝，
宋啦！
啤酒＋麻辣鴨血泡麵
加班完，最開心的就是
宅在家看劇或睡覺。
但儘管到休假，還要做畫面
(交作業)給執行長看。
也沒什麼時間花錢。

嘿！學妹，聽說妳在
ＯＯ廣告工作了？
學長居然敲了我！
對啊，學長最近好嗎？
恭喜妳啦！一起吃個飯？
祝妳找到工作了！
學長要約我出去？
母胎單身，也很少跟異
性單獨出去的我。
平時我不太打扮，但如
果要跟學長出去…
都是牛仔褲
跟T-shirt
開始買了化妝品跟新衣服…
畢竟要去(自認為)約會吧！
自己都粉紅泡泡起來了，
當天要聊什麼呢？
愛情
攻略

到了當日。
嗨，學妹！妳變得跟以前不太一樣！
女人味施展成功嗎？
學妹在ＯＯ廣告過得還好嗎？
嗯…其實並沒有想像中順利。
跟學長講了我在公司的處境。
能力不足
前輩相處
這樣子啊…其實在公司裡，
找到自己的定位很重要。
學長也是設計師
平常製作物居多，但我最喜歡的還是拍片！
所以有影片提案會找我參與。
妳可以爭取畫分鏡，積極一點，讓長官看到妳的專長！
其實我想被你看到。

如果在一般公司當美編，
處理公司的業務就好。
但廣告公司都負責大品牌。

同事也都是設計師，要比稿、
投廣告比賽，難免會比較。
如果不展現實力，很難被
主管或同事肯定啊！

進公司才是挑戰
的開始啊！
沒有很認真在聽

能跟學長一起在咖啡廳
感覺好棒啊。
學妹妳的睫毛
掉了喔！

學妹掰掰，
以後再揪囉。
好！
難得對異性有了期待…
練習畫眼線
敷面膜
開始練習化妝、做保養。

但也在此時⋯
發現學長對我變冷淡了。
之前聊天都會回很快，
但最近愈回愈慢。
是不是太忙？
鼓起十萬分勇氣，
邀學長吃飯！
Hi學長，找天有空
一起吃飯？
被已讀不回好幾天。
期待一個人的回訊，
感覺好煎熬啊。
已讀
Hi學長，找天有空
一起吃飯？
一週後收到了回覆。
已讀
Hi學長，找天有空
一起吃飯？
抱歉～
最近有點忙
下午10:30

再度電話求助姊姊。
學長態度很明顯呀，妳自己也感覺到了。
姊
為什麼轉變這麼大呢？
沒有為什麼啊，妳硬要得到回應，會更尷尬喔。
你要逼得對方直接說：「抱歉，我不喜歡妳」嗎？
一頭栽進「單方面愛戀」裡，會讓對方感覺困擾吧。
但也是學長的鼓勵，讓我挑戰廣告公司。
我也做了很多新嘗試。
雖然有些嘗試後來覺得…
妳是誰啊？
打扮上我付了一些學費，最後還是做自己，好自在。

熱情是用加班換來的

儘管有前輩的鼓勵，但
我當然沒有馬上變厲害。
第２天一如往常…
邊做邊錯、自己搜尋教學，
用不熟悉的介面去工作。
雖然還是經常被前輩唸。
怎麼連這個都不會。
但我發現自己…
對不起！
好像習慣被罵了耶。
左耳聽，
右耳出。
情緒抽離後，只要能把
事情解決就夠了。

每週也按時交
作業給執行長。
請過目！
妳待的這幾週，有發現其實
吉祥物的業務量並不多吧？
嗯，是的。
其實目前工作量，
小七就夠了。
但她開始疲乏了。
多個人跟她比稿，
也是刺激她，
這是良性競爭。
也難怪她不想
對我太友善。
做廣告沒有熱情，出來的
東西是感動不了人的。
她缺乏「熱情」了，看作品
就能感受她只想準時下班。
…
其實我也想準
時下班啊！

另外，現在發給妳的工作並不多，妳有什麼想法嗎？
如果…
有電視廣告的提案，我可以負責畫分鏡！
分鏡就是將文案轉成畫面。
這個畫面就是分鏡
文案：女角拿起飲料，望向天空。
除了提案給客戶看，開拍時也可以給導演做參考。
大雅組有個急件「GOGO馬桶年度提案」，妳去幫忙畫影片分鏡吧！
好的！
沒想到在公司我會繼續畫圖，但有點貢獻，我感覺也好多了。
畫完後也凌晨兩點多了，但大雅組還在加班。
我收到分鏡囉，妳先回家吧，剩下我們處理。
大型提案就會這麼操。

但拍片提案並不多，畫完後
我還是要處理製作物。
繼續摸索軟體
妳是帕帕嗎？
我是新人喔，大雅組
的設計傑瑞。
我也跟妳同年喔！
等下一起吃飯？
好哇！
當時，吃午飯的小團體都很固定。
一個人
很多人
遇到會點
頭示意
所以我之前我都
一個人吃午餐
我沒被排擠吧⋯？
幸好有新人～
我覺得前輩都
好嚴肅！
我也這麼覺得！
這是我第一次跟
同事吃飯耶。

我從高中就立志
想進廣告公司！
咦，廣告業就是你
從小的夢想嗎？
沒錯！我的夢想是成為
創意執行長！
！
廣告公司有個完整階級制度。
創意執行長
資深創意總監
創意總監
美術指導
資深設計師
設計師（免洗筷）
升遷除了年資，主要
還是要拿到廣告獎。
我從沒想過升遷，
我只怕我被解僱。
你的作品網頁好專業！
廣告本來就是我的興趣，
我也是從工作室轉過來的！
我還有一個小本子，累積我
高中以來的點子！
好有熱情！燒到
我了，好燙！

幾天後…
早安！
你好早到。
嗨！
（虛弱）
嗶！
9:40
其實，我們組昨天
一整晚都沒回家。
蛤？
除了製作物，提案，
還要做廣告比賽的稿。
工作
疊疊樂
不能回家休息一下嗎？
不行，大雅說想法都不夠棒，
沒提到她滿意前都不准走。
抖
抖
抖
這樣上班是
清醒的嗎？
晚上10點我下班了，
傑瑞卻不打算下班…
天啊！
傑瑞作圖這麼強了，
卻還是狂加班…。
熱情！
這就是執行長
要的熱情嗎？

當自己的聖誕老人

在慌亂的日子中，
聖誕節悄悄到了…
聽著各種過節計劃…
我要跟女友去
耶誕城。
好巧，我也
要跟朋友去。
我要跟朋友去
看電影。
刷著社群，不少人
參加聖誕活動…
咦！
學長也交了女朋友了呀！
好閃！
還有事要忙嗎？早點下
班去玩喔，我先走囉！
好喔，我等下就要走了。
前輩掰掰。
其實我沒有
任何約啊！

還是小小地
加班一下。
嗶！
之前都一人工作。
在辦公室上班，發現同事
有各種生活方式…
我現在的人生餅圖
睡覺
工作
耍廢
要兼顧工作、家庭、愛情、
友情，真的好不容易…。
因為我光處理工作，
就焦頭爛額了。
來超商
覓食。
咦，我做的聖誕掛牌
掛上了！
Merry Christmas!
雖然很累，但也有成就感。
趕快PO上社群，
第一次的作品。
當天我一個人逛著街…
耳環好漂亮！
歡迎看看

以前想穿耳洞，但又怕痛。
應該沒想像中
那麼可怕吧。
就去診所打了耳洞…
算給自己一個
聖誕禮物。
本來想戴浮誇的款式…
想像
實際
但還是選了
簡單的款式。
也自拍上傳到社群…
美好的
聖誕節！
（喀喀喀）
拍超多張
做個生活紀錄。
但刷著社群，其他人生活都好
精采，就開始羨慕起來…。
這個人生活過得
好有質感。
哇，她跟男友
去國外過節。
這位同年紀，卻在
世界各國跑業務。

比起來，我的日子真無聊、也沒什麼成就。
咦，不對！這有什麼好比的？
自己的生活，是自己在過的吧。
與其在意網路上的我，還不如好好照顧現實的我。
網路我超棒…
其實又累又迷惘。
還是活在當下，做些讓自己感到開心的事！
來買珍珠奶茶配炸物！
配個想看的電影，過心滿意足的聖誕節。
好感人！好好吃！
長大後只能當自己的聖誕老人了。
好好跟自己相處很重要。

爆肝的凌晨跟拍

在公司，就是不停、不停提案，像個提案機器人。
提案就這樣嗎？
確實力道不夠。
這太老梗了。
嗯，還是重來吧。
每天都在被否定。真的沒問題嗎？
要提到組長、執行長滿意，再給客戶修改到飽。
提N次
來回N次
提案
組長們
設計
執行長
客戶
繼續修
所以說，市面流通的平面或電視廣告。可以說是萬中選一啊。(或被改了一百次)
這廣告做得好棒。應該也歷經波折吧！
Power!

我比較熟悉作業軟體後，
工作也多一點了。
圖稿一印就是2萬份，
妳校對要非常細心！
如果印出來有錯，是負責
的業務跟設計賠錢喔。
好怕出錯！
不停檢查導致神經很緊繃…
上班壓力很大，腦子還
要不停想新點子。
也開始有失眠的情況…
明明很累，但睡不著！
沒睡好，再去上班，
有穿越時空的感覺。
早！
早。

後來，我也參與到廣告拍攝了！
妳畫的分鏡提案過了，妳也來拍攝現場看看吧！
好感動！要參與電視廣告的拍攝！
好！
拍片時間…
凌晨12點開拍，預計7點收工，拍攝通常不是很晚就是很早的。
沒問題！
所以今天不用睡覺了！
實際到拍攝現場。
好多專業的人跟器材啊。
這麼多人一起熬夜拍攝，我都感到熱血了！
但主要都是組長跟導演在確認細節，慢慢地…
我進入彌留狀態。

徹夜未眠，因為有
拍片就可以中午上班。
靈肉分離中
12:30
上班途中，去上個廁所
還不小心睡著了。
ZZZ
驚！
我的臉好慘，
快洗臉打起精神！
嗨，帕帕！
妳臉色好差，
是不是身體很
虛呀？
大雅精神眞好
(OS:妳不是也徹夜
未眠？)
習慣就好了啊，
年輕人加油喔！
太猛了，到底是什麼
體質或意志力⋯
可以在這樣的工作
型態當到主管。

來來去去的人們

公司開始有新人進來…
我是新的設計。
我是新業務。
但也經常有人走。
新業務做一個禮拜就走了。
新設計也做不到一個月。
當時我的目標是得到執行長的肯定，把約聘轉正職。
鬥志
帕帕，這一年妳做得非常好！
之後轉妳做正職。
謝謝執行長！
妄想中
但看離職同事的背影，好羨慕喔…。
掰掰啦！

不要亂想了！乖乖加班吧，這是我好不容易找到的工作！
不過這幾天，都沒看到傑瑞。
是之前忙翻，現在請假去玩耍了嗎？
遇到他時…
嘿，帕帕。
好久不見！
09:50
其實，我今天來辦離職手續！
蝦咪！
我爸爸心肌梗塞過世了，所以請假處理喪事。
爸爸走得很突然，我家本行是串燒店，媽媽跟女友都希望我接下來。
所以你要繼承串燒店嗎？
傑瑞的串燒店，感覺不錯。

不！經過這樣的生離死別，我更確定…
先好好休息嗎？
我一定會回到廣告圈！安頓好店面後，我會讓我弟接手串燒店！
所以你還會回來上班嗎？
這個嘛…
其實，我有朋友在ＸＸ廣告幫我留位置了，待遇也比較好。
跳槽都計劃好了。
我覺得跟對主管很重要。現在待大雅組不是我理想的廣告團隊。
說了這麼多，這才是離職的原因吧！
好啦，那你就多保重。

比較麻吉的同事離職了，
午休又恢復到一個人吃飯。
離職的人，似乎清楚
自己喜歡或不喜歡什麼，
會往適合的地方前進。
我對未來的想像，是合約滿後，
轉正職吧？
熱情工作！
在公司一段時間了，未來我可以
跟入職時一樣保持熱情嗎？

顛覆工作觀的神祕女子

我比較晚找工作，到處面試也都失敗。
一開始進到大公司，看大家都在加班，自己也覺得應該這麼做吧？
雖然很努力，但還是無法達到上司的要求。
在主管眼裡，還是個工作不得要領的新人。
完整度太低，
回去重做！
好的！
但想要被肯定…
我可以一直加班，因為我至少願意努力。

此時來了一位約聘設計師，只會在公司待3個月。
我叫米雅，以前是大雅的同事。
米雅人很熱情，喜歡找我聊天。
嗨，帕帕！
妳總是在加班，男友不會擔心嗎？
我沒有男朋友啦，回家也沒事做啊！
帕帕啊，就算回家沒事做、就算是單身…
都要有效率工作，準時下班！好好休息，才能把工作做得更好，這世界有很多好玩的事耶！
我也單身啊！但下班超多事要做的。
好玩的事是指？

看我一直加班，米雅會主動幫我教我。
妳這個畫面，這樣處理就更好了。
米雅好厲害！而且好快！
咻咻咻
人很好、效率高但也有點神秘。
準時打卡啦～
米雅也做過組長喔，趁她約聘期間，多跟她學一點。
難怪這麼厲害！
做主管不好嗎，正職福利不是比較好嗎？
因為我討厭被綁住！其實就是…
我很討厭加班，我要準時下班！
做主管要扛很多責任，很容易為加班而加班，超沒效率的。
刺

我只要賺夠錢，就要去西班牙旅行，我工作就是為了旅行。
對西班牙沒有概念
!?
我是有家要養，哪能像妳這樣。
總之，做約聘很棒啊，能自己掌握時間，工作是為了過想要的生活！
約聘 NO.1
原來，不以正職為目標，可以這麼帥！
我想像米雅一樣，有效率工作、準時下班！
我下班啦！
Bye-Bye
（崇拜）
嗶！
但回到現實，突然要我準時下班，我做不到。
12
9
3
6
不行。
我做得還不夠好。

拚命工作卻沒有盡頭

某天，執行長找我。
請問執行長有什麼事？
超緊張，該不會又做錯事情。
帕帕，我想讓妳做這次廣告比賽的提案。
如果過了，就派妳參賽。
由大雅負責看妳的比賽提案稿。
參加廣告比賽！
大雅雖然笑笑的，其實很嚴格。
…這是妳的提案？
是…
不行喔。
我會再重提！
參加比賽不算是工作，所以還要加班做提案。

同時，客戶要出
新品冰淇淋了！
它在夏天一定會大賣！其
他同業也會比稿，大威你
們一定要拿下這支提案！
戰力弱
為了提案，我們小組
不停開會討論。
畫面要有大草原。
客戶想拍電視廣告，
我負責畫分鏡。
文案
麻煩妳了！
好的！
被需要很開心
冰淇淋、廣告比賽、例行
文宣，工作量頓時炸開。
但從頭到尾
參與提案…
雖然很累但
又開心！

這段時間，我總愛當最晚下班的人。
帕帕！那個…
認真是很好，但一開始不要太過用力去做…
別忘了，留點力氣到後面。
不要太用力？
前輩應該是擔心我氣色太差，但努力工作不是應該的嗎？
午休直接睡死，食慾也很差。
當時我不能理解前輩的意思，直到…

好消息！冰淇淋提案過了！客戶說很喜歡呢！只要再調整一下就好。
我們提案成功了！我參與的平面、電視廣告都會上市！
而比賽提案也到執行長那關…
妳這個想法還行！照這個想法繼續延伸下去吧。
得到執行長肯定的語氣！
好喔
這麼努力，工作運總算開花結果了嗎？
再繼續調整就好了！我只要再努力一下。

再過一週…
請問執行長找我有什麼事嗎？
廣告比賽的事，我給其他設計師處理了，妳做好原本的工作就好。
我的能力果然還不夠參加廣告比賽啊…
大威組長，冰淇淋的客戶那邊表示…
怎麼了？
客戶說，因為預算不夠，這個案件無法執行了。
不用再調整了。
蛤？

啊，客戶就是這樣，
我們提案要死要活，
最後沒預算就不執行。
把廣告提案弄得像
餘興表演一樣，那
我們幹嘛這麼拚？
習慣就好了，
今天早點休息吧！
反正不用
再修稿了
前輩們真的都
看很開了。
想被肯定而付出努力
似乎沒有盡頭…
這麼拚命工作，
究竟是為了什麼呢？

與穿著Prada的惡魔起衝突

文案我寫好2支了，
妳現在畫分鏡吧，
明天早上要完成喔！
若時間允許，公司
也會發包分鏡出去。
但這麼趕的狀況，
只能內部處理。
兩隻廣告，總共22
張畫面，要我一天
內畫完？
之前一天最快是
畫10個畫面…
對方又是大客戶，
可不能隨便畫畫。
完全憑著意志力，
從中午開始狂畫。
隨便吃吃
弄到晚上，晚餐後再繼續。
大雅組長
還在嗎？

大雅組長要先回家嗎？
我畫完還要一點時間。
我要等妳畫完喔！
有畫面才能把提案
簡報完成啊！
原來如此！
只能死命地
趕快做完。
第 2 杯咖啡
分秒必爭，我
可以完成的！
畫到隔日凌晨六點多。
應該可以了…
不好意思，大雅組長，
我畫好了。
睡著了
…好喔。

簡報已經完成了！
等執行長上班，讓她過目
一下就好了。
好！
怕還要修改，
待命睡一下。
等執行長到
公司後…
嗯…
畫面的光影不太自然，
整體氣氛也做得不夠。
這次妳的表現
差強人意…
但現在時間緊迫，
先提案給客戶吧。
OK！
這已經…

這是我的極限了！
我已經盡力了！
妳叫我來加班，我來了，
要我做的，我也做完了。
做完跟做好是兩回事，
我認為，妳可以做得更好。
提案可不是自我娛樂，
我不是要罵妳，是要妳
別輕易滿足於現狀。
妳在不開心什麼？
…
對不起，我的語氣
不太禮貌。
好了啦！

弄一天也累了，
那我要去提案了。
嗯！
假日加班，所以下午
可以先回家休息。
嗶
10:30
撲上床
阿嗚！
腦袋的螺絲零件
都掉出來了
我要一直這樣
工作下去嗎？
幾天後…
帕帕，提案
過了喔！
但我的喜悅不像初
期那麼激動了。
太好了。

認清極限很重要

工作這段時間，我像
蹺蹺板的支點，頂著
工作跟生活。
生活
工作

但工作很重，途中我
一直不斷地跌倒。
別人都做得到啊！
為什麼我站不穩呢？

我不夠努力？
只要努力一定可以的。
再努力一下，
努力撐起來。
不！
真的不行了！
崩

如果這是漫畫，應該
愈挫愈勇，堅持下去。
過度
理想
我要成為廣告王！
但在現實，我開始
認清自己的極限。
我真的爬不起來了！
工作
每個人都有不同的
體質跟歷程。
我做完了，
下班囉。
好有效率！
同樣的工作，有的人
可以，有的人就是會
做得很痛苦。
很會熬夜
眼神死
發現自己不適合，
也不能繼續下去時…
眞的拿
不動了
工作
就坐上掃地機器人，
換個方向試試看吧。
再繼續尋找吧？

再過２週，約聘合約就要到了。
鈴
帕帕，來我辦公室。
好的！
這個月，妳的合約就要滿了吧？
是的。
我有跟大威討論，他覺得妳經驗不足，還是無法獨立作業。
是。
妳自己覺得呢？可以繼續這份工作嗎？
對這份工作，妳有什麼想法？
我…

我覺得自己不適合這份工作。
好，那契約結束，妳就做到這月底。
是！
人資會找妳確認，交接項目跟小七處理好。
好的！
在這工作的日子，我想妳應該有獲得些什麼吧。
我相信，未來妳到其他公司，會感覺工作沒這麼困難了。
…
是的！非常謝謝執行長，給我這個工作機會！

做完交接，跟比較
熟的同事道別。
掰掰！
謝謝大家的
照顧，掰掰。
不用再進公司了。
心情好微妙啊！
但回租屋處…
天啊，好亂！這一年
我的生活就跟房間
一樣亂七八糟。
（頭髮）
趕快整理，順便整頓心情。
整理時，也發現很多東西…
以前畫漫畫
的稿件！

回想到剛畢業時，
想靠畫圖吃飯的自己。
剛找工作、開始上班時，
也很不適應。

總覺得自己很差勁，
常默默就哭出來。
沒有夢幻劇情，沒有成為
廣告王，也沒有豔遇…
妄想
在混亂中完成第一份工作。

但認真想想做了很多事呢。
至少，認可努力的
自己是很重要的。
放空
下一步，
先休息吧。

失業時回老家一趟

待業時，我回了老家一趟。
台北愛下雨、又濕冷
回家鄉第一感想：天氣就是好！
高雄車站
感覺外國人變多，新開許多東南亞商店，挺有異國風情。
東南亞百貨
東南亞百貨
提到捷運，在高雄搭捷運很容易有位子坐的。
高雄人還是習慣騎車吧。
來接我的媽媽
媽媽我回來了！
回家鄉的步調就是悠哉…
(明明無業遊民)

難得回家，媽媽都會煮得特別豐盛。
要控制飲食的爸爸
牛排
雞腿
烏魚子
回家除了有家人，
還有狗狗陪。
阿天！
嗚嗚哀嚎
(想妳)
不用顧忌室友，耍廢姿勢隨意躺。
再讓我躺一下。
汪嗚～
(我要散步)
幸好家人不急著我
去找新工作了。
之前工作，妳總是用到三更
半夜，妳是賺幾十萬嗎？
工作再找就好了，
慢慢看啦！
三、三萬而已啦。

反正妳也不畫漫畫了。
可以回高雄找工作啊。
是…也沒錯。
當初想留在台北，是因為有個漫畫夢。
但現在呢？
我還有夢想嗎？
都睡到快中午了！還不起來？
！？
把衣服洗一洗，地也拖一拖。
好喔。
剛回家，媽媽會對我像客人一樣客氣，但過一段時間…

妳衣服晾得跟酸菜一樣～
碎碎念
拖把沒弄乾就拖，
地板都濕濕的。
以後怎麼嫁人？
我很愛媽媽，但
我超怕被碎碎念。
妳在幹嘛？
台北房間還有租約，
我不能浪費時間了！
我該回去台北打拼了！
妳又沒工作，房約也可以談，
還一定要留在台北嗎？
我…
我想抓住夢想的尾巴？
好抽象啊…
其實我也很迷惘，
也知道媽媽擔心我。

總之⋯求職網看了一輪，
還是台北薪水比較高！
我想趁年輕，就多闖闖吧！
現在回家太安逸了！
好啦，想闖
就去闖吧～
那我回台北囉～掰掰！
在台北加油囉。
其實想想，想跑到外地工作，
也是家人給了我安全感。
只要我想回家，
我相信家人都會在家等我的。
回到擁擠的台北車站。
好可怕的人流。
開始變冷，又下起雨。

回到租屋處已心累…
淋濕狼狽
從家裡回台北，
總有點不習慣。
先去洗澡吧…
一個人住很自在，
但也會寂寞。
雨停了。
明明待在家鄉優點很多，
可以陪家人，又容易存錢。
但我還是想留在台北。
在外地，儘管對未來充滿不安，
卻也夾帶期待跟希望感。
這算留在異鄉
的魅力吧。

愈挫愈勇，這就是人生！

換工作後，生活起了很大的變化，

漸漸接受失敗、找到屬於自己的路，

所幸每個過程，都成了珍貴的經驗。

交接如抓交替

離開第一間公司，
心情雖然放鬆很多…
廢～
但接著就煩惱
下一份工作了。
要繳房租了
啊啊啊啊！
要趕快更新求才網的履歷！
但有工作經驗，履歷被打開
的機率真的有變多。
大約2週後。
鈴
鈴
鈴
妳好！
你好！請問
哪裡找？
請問妳是不是有在1×4
應徵平面設計師？
終於…
直接被問是應徵設計師嗎？
不是傳直銷、生前契約
或賣骨灰罈…
哈囉？
還好嗎？
我在求職設計師的路上，
苦盡甘來了嗎？

跟之前〇〇廣告公司不一樣，是一間進口貿易公司，有氣派的大樓。
面試官是看似慈祥的長輩。
很在意手寫字。
嗯，字算端正。
我年輕時，也考過妳考過的廣告公司呢。
目測五十多歲
（驚）
那間公司這麼久了？
我曾對廣告很憧憬呢！
意外有話聊。
以前的自己
雖然是長輩，卻看到以前的自己？
我們這裡做設計跟廣告公司不同…
這裡只是小公司，所以工作會比較雜。
雜

除了做稿、店面POP，也要做行政事務、網路訂單處理、客人來要幫忙泡咖啡。
…
跟之前廣告公司只專精做稿，內部美編真的五花八門都要做。
披星戴月的前公司
我很難比較跟想像，因為我只待過一間公司而已。
廣告公司
VS
沒有第二間
但跟前公司比較起來…
不會加班到三更半夜，距離OK，薪水比較高。
還有一個關鍵…
嗯，沒問題的話，下週一妳就來報到。
貪圖不想再面試，我就當場成交了。
好的。
後來才知道這麼急，果然有問題。

剛報到時，現任美編
很熱情帶我認識公司。
妳好。
她很親切，交接得很詳細。
這是…
還可以嗎？
東西蠻多的…
下週我要離職了，
相信妳沒問題的！
什麼？
原來是我頂她的位置，所
以主管才要我馬上報到。
之後公司有大活動，此時
交接有抓交替的感覺。
麻煩了～
但她很認真交接。
所以我萬分不捨(害怕)她的離開。
掰掰。
不要走啊！
楚河漢界
我的心境圖
後來我們還是
有保持聯絡。
體悟離職有交接好，
後面的人會很感恩。

人生第一次準時下班

主管開始帶我了解公司…
到展示間認識商品吧！
好的！
我們的商品有各國餐具、高級精品、也有便宜的雜貨。
這花瓶也太貴…是3個月的薪水！
開始做文宣品時…
回想之前
會被改很多次…發包要謹慎。
印刷幾萬份，出錯要賠錢喔！
請你過目提案！
(戴上老花眼睛)
嗯，我看看！
好，公司印表機印10張。請司機出貨送到門市！
一次就OK！
這樣就可以了嗎？

公司想出新的商品目錄，
妳參考一下之前的，
之後要加很多新品。
我考慮未來
出2本。
興奮
之前目錄已經跟電話
簿一樣厚了耶。
(抖)
Just Shine
聽離職的前輩說過…
我們新品又雜又多，新目
錄做起來會很驚人喔。
離職的前輩
這就是妳想離職
的理由吧。
所以，這個目錄
是燙手山芋！
我會像之前那樣加班
到凌晨1、2點嗎？
用想像力
嚇死自己

在我以為要為目錄水深火熱時…
好多產品要整理。
新同事
默默也晚上8點了，但我習慣加班了。
居然8點了！
我不行了，頭好痛，申請加班，就下班吧。
累〜
！
可以報加班？可以先做到這樣就下班了嗎？
哭
妳之前是過什麼生活啊？
到8點很夠了，我們下班走啦。
讚！
這是從18層地獄爬到第8層的感覺嗎？

長官也接受工作進度。
OK！照這樣做下去吧。
好喔。
跟同事聊天…
換了工作，才發現之前工作很可怕。
蛤…？
我前公司都不加班耶。現在要加班好累喔！
好羨慕。
大家際遇真是大不同啊！
但體會準時下班…
嗶！
18:00
等下看電影放鬆一下♪
以前都很晚下班，今天下班看得到夕陽。
多出好多時間！
準時下班
人類原來有這麼多時間嗎？

小公司與大公司的差異

雖然不會瘋狂加班，
還是有很不適應的地方。
就如主管所說
真的雜！
……
之前在廣告公司，做設計
不用跟印刷廠接觸。
稿件我送出去囉。
謝謝！
但每次做一張圖
都像曠世巨作。
盯了10分鐘
（壓力好大）
現在一切都要親力親為了。
設計師本業
這本有印刷廠
的電話、紙樣。
雜事
粉絲團、網站公司、
出貨流程、ERP系統、
咖啡機的使用方式。
交接
工作範圍也
太廣了吧。

學著跟印刷廠接觸…
請問1千張A4道林紙（120磅）海報價格？
自己抓製作時間。
我想要ＤＭ這週五到店面。
（在許願嗎？）
那今天就要送印刷！
也被印刷廠兇過…
價目表上有計算方式啊！妳看不懂嗎？我們很忙耶！
對、對不起，我做個確認。
就、就派耶。
但親自對應印刷廠，可以學到比較多。
除了做稿，還有各種雜事。
有客人、開會時，我要負責泡咖啡。
妳咖啡上的肉桂粉撒得不漂亮，重泡。
好的。

業務滿線，我就是總機。
~~~
您好，很高興為妳服務！
怎麼又是妳接電話？我要找陳業務啊。
請他等我回電！不要一直打！
她真的一直都在忙線。
要管理粉絲團、更新網站後台。
小編發文：皇室御用花瓶
妳照片要拍得尊貴不凡，又平易近人啊！
偶爾幫忙出貨。
…
冰的啦，根本沒辦法好好做本業（設計）！
~~~

帕帕，3個月
試用期到了！
咦！是的！
之後也麻煩妳加油囉！
我有調高妳的薪水。
$
$
雜事雜事雜事雜事雜事雜事
雜事雜事雜事雜事雜事雜事
錢錢錢錢錢
錢錢錢錢錢
謝謝主管，
我會加油的！
在這裡，我學到
很多有的沒的。
好像在勇者訓練村，
學到很多新技能。

人生沒有白走的路

慢慢工作比較順手了。
很高興為你服務。
可以正常上下班，
好好逛超市採購。
等下煮麵配蛋、
肉、青菜。
可以輕鬆(亂)煮麵，
盡情放喜歡的料。
享受豪華泡麵＋啤酒，
看劇度過美好週末。
Game of Thrones
當然上班還是有
很崩潰的時候。
咖啡上的肉桂粉
要灑得漂亮。
但一準時下班就
覺得生活美好。
新買的
娃娃

好廢好幸福喔！
叮鈴鈴
嗨！阿母！
新工作還好嗎？
有慢慢上手了，雖然會緊張。
有好好吃飯嗎？
有呀～
妳還有在創作嗎？
下班很累想耍廢，不會想再畫圖了！
現在妳有份工作，我比較放心啦！
想想妳小時候總是說要靠畫畫謀生呢！

哎呦，小時候想得太簡單！我現在先努力適應工作。
早點睡啦！
嗯好，拜拜。
喀
日復一日努力工作，就忘記夢想了呢。
之後米雅姐還約我喝咖啡。
帕帕！好久不見。
妳離開後，去其他廣告公司嗎？
沒有～我在小公司做美編，雖然作業比較雜。
但比較不加班，終於有下班的生活！
難怪！氣色有比較好喔。
我也告訴妳好消息，我要去西班牙留學了。
真的是充滿可能性的女子！

以前我待快十年的公司做到主管，以為會做到退休。
但有天我決定不這麼過下去，就離職了。
是受到什麼刺激，之後才只做約聘嗎?
故事很長，但人生就是充滿各種可能。
在能力範圍內，盡量做自己想做的事。
生命很短，所以我不想後悔。
回家的路上…
我開始回想…
剛開始工作，我光站穩腳步就花了很多時間。
生活
工作
自我期待太高，給自己身心太多壓力。
頭痛
肩膀痛
胃痛

接受自己的極限後，我終於能坦然面對自己的失落。
退稿
儘管這一路上，我不停迷失方向。
但經歷峰迴路轉，慢慢找到自己的路！
站穩時，再迎接新的挑戰。
被被、枕頭，我下班啦！
好久沒畫圖了，畫點上班瑣事？

傳到網路上發表吧！
上班好累
咦！有人回應耶～
好感動！

追求夢想時，別忘了，
每一天的本質，都是好好過生活！
別吝嗇給自己肯定：
「辛苦了！我真的很棒。」

下班後的充實時光

開始準時下班後
腦中出現疑問，
下班要做什
麼好呢？

有些同事，下了班會趕去約會。
大變身！？
平常
之前就算下班，只要有手機，
還是被公司綁架。
社畜
公司

現在有時間看劇、看漫畫耍廢
真的好開心！
但久了也會空虛…
看劇看到早上
虛弱…

看女性雜誌剛好
有這個題目耶！
利用時間充實自我
設定新目標，例如語文、
技能、證照，說到語文啊…

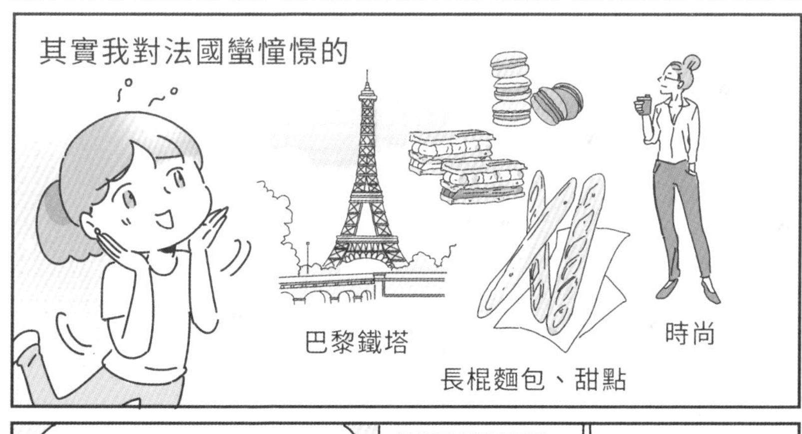
其實我對法國蠻憧憬的
巴黎鐵塔
長棍麵包、甜點
時尚

剛好下週有法語體驗課，
那我就來報名吧！
晚上不睡覺
的夜貓子
課程當天
Bonjour，
各位同學。
是真的法國人！

要認識法國最好的方式，就是透過食物。
浪漫～
我們法國麵包會搭配各種果醬或魚子醬。
看起來太好吃了！
也跟同學們分享一點葡萄酒。
我來台灣都去家樂福買東西喔！
超好喝。
我真的是去上課，不是上酒店。
最後終於帶到一點法語。
早安是繃居，晚安是繃絲襪。
Bonsoir
繃絲襪
法語課怎麼這麼好玩呢！
下週確定想上課再一起繳學費喔。
好！
Langauge

但就在這個時刻。
公司要辦活動，假日請來店面加班喔！
咦？
不能說不！
週年慶
才終於覺得下班有時間做別的事情。
加班當日。
這是妳的贈品，謝謝光臨！
下班已經7點了，趕不上法語課。
累
終於回家了！站櫃一整天腳要爆炸了！
無法上課，就看部法國電影吧！我也是很知道變通的。

所有的經歷都是有意義的

非常感恩，閱讀完《小資女職場血淚向前衝：生活就是一邊前進，一邊轉彎》的讀者們！其實我離大學畢業已經有好久一段日子了，為了再重新回想那段時光，我回頭找了很多當時的日記跟照片，發現當時自己真的很悲傷、混亂又迷惘啊！

尤其是在實際下筆畫圖，我都很想飛回過去、搖自己肩膀說：「不要這麼糾結，別這麼太難過！好嗎？結果沒有那麼嚴重啦！」

但我想剛畢業，沒達到理想，工作又碰壁，要我不糾結、不難過是不可能（大聲吶喊），再重來一遍，我應該還是會歷經這些難過跟挫敗的，這不是就是「成長」嗎？（遠望）

如果你也是剛畢業的新鮮人，也在不習慣剛上班的生活，希望藉由這本書，告訴正在剛工作、或工作不太順利的你，這些經歷在你的生命裡一定是有意義的，如果無法再努力下去了，就轉個彎換個方向或想法吧！

我回想自己在挫敗時，會試很多方法轉換心情。喝杯喜歡的飲料、想看的電影、去喜歡的地方坐一下、找信賴的人好好聊天、或甚至好好睡個覺，或什麼都不做……這是我自己的方法，但總結我認為自己在出社會後，好像更要學習跟自己自處，然後釐清自己真正想要什麼。

一開始我剛畢業時，對當一位創作者的期待，太過於樂觀到不實際，所以面臨作品被腰斬，我自暴自棄的認定，我絕對不適合創作，也不要再畫圖了。但沒想到這麼多年後，我還會再畫圖，甚至出這本書。

這裡非常感謝我的編輯、設計、出版社，還有家人的支持，才會有這本書的誕生。

「一有工作，就不可能做自己喜歡的事」，或「一定要做喜歡的事情維生，才是值得過的人生」之類的話，這樣想好像都太極端了，畢竟人類千百種，我想適合你的生活方式不會這麼絕對，最重要的還是要找到——適合自己的生活方式！

相信一切會愈來愈好，別忘了要好好照顧自己了。

帕帕珍
Papa Jane

小資女職場血淚向前衝

生活就是一邊前進，一邊轉彎

作　　者　帕帕珍 PapaJane
編　　輯　吳雅芳
校　　對　吳雅芳、帕帕珍 PapaJane
封面設計　帕帕珍 PapaJane
美術設計　陳玟諭、劉錦堂

發 行 人　程顯灝
總 編 輯　呂增娣
編　　輯　吳雅芳、藍匀廷
　　　　　黃子瑜
美術主編　劉錦堂
行銷總監　呂增慧
資深行銷　吳孟蓉

發 行 部　侯莉莉
財 務 部　許麗娟、陳美齡
印　　務　許丁財
出 版 者　四塊玉文創有限公司

總 代 理　三友圖書有限公司
地　　址　106 台北市安和路 2 段 213 號 4 樓
電　　話　(02) 2377-4155
傳　　真　(02) 2377-4355
E-mail　service@sanyau.com.tw
郵政劃撥　05844889 三友圖書有限公司

總 經 銷　大和書報圖書股份有限公司
地　　址　新北市新莊區五工五路 2 號
電　　話　(02) 8990-2588
傳　　真　(02) 2299-7900

製版印刷　卡樂彩色製版印刷有限公司

初　　版　2020 年 12 月
定　　價　新台幣 300 元
ＩＳＢＮ　978-986-5510-44-2 (平裝)

療癒推薦

我眼中的世界

作者：寶總監

定價：320元

超人氣圖文作家寶總監的最新力作，書中重溫一段相遇、關懷、相伴的故事，動物與人之間的愛，觸動人心的情節，尾韻在心中久久縈繞不散。

藏敖是個大暖男：西藏獒犬兒子為我遮風雨擋死，絕對不會背叛我的專屬大暖男

作者：寶總監

定價：320元

14萬粉絲引頸期盼，超人氣圖文作家寶總監推出感動之作！小兒子藏獒巴褲化身書中主角，告訴大家藏獒一點都不可怕，甚至是專屬於你的溫柔暖男！

貓，請多指教4：喵喵就是正義！

作者：Jozy、春花媽

定價：320元

跟著動物溝通師春花媽、繪師Jozy，進入萌力十足的精采故事中，一起體會人與貓狗共同生活時，爆笑又催淚的日常，因為充滿愛的日子，每一天都好幸福。

社畜生活：
慣老闆、豬隊友 全不是想像中那樣？

作者：奇可奇卡

定價：280元

老闆好機車？員工愛偷懶？背後辛酸原因，對方哪知道！一樣事件、兩種立場，職場上只有知己知彼，辦公室才能更和氣！

活出快樂生活

温語錄：如果自己都討厭自己，別人怎麼會喜歡你？
作者：温秉錞
定價：350元
不費力的生活從來都不簡單。大聲告訴自己：人生與夢想，無論哭著、笑著都要走完！就和温秉錞一起品味人生百態，哭完、笑完後，心也暖熱起來！

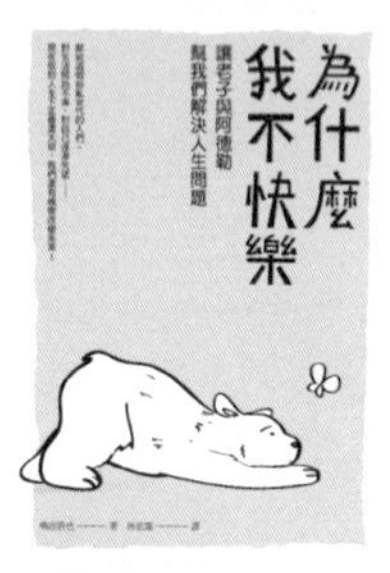

為什麼我不快樂：讓老子與阿德勒幫我們解決人生問題
作者：嶋田將也
譯者：林依璇
定價：260元
獻給這個紛亂世代的人們。對生活開始不滿、對自己逐漸失望……現在就對人生下定義還太早，我們還有機會改變未來！

你，其實很好：學會重新愛自己
作者：吳宜蓁
定價：300元
是誰要你委屈？是誰讓你自卑？你的人生不該活在別人的期待裏，要相信，你值得被好好對待，停止說「都是我不好」，此刻，告訴自己，所有的自卑都是多餘。

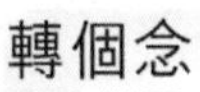

轉個念，心讓世界大不同
作者：曉亞
定價：320元
當欲求愈多，快樂便離你愈遠，只要願意，轉個心念，幸福近在咫尺，無所不在。讓我們從「心」開始，學習52個轉念哲學，做自己心的主人，轉個念，世界就會大不同。

寫給善良的你

作者：吳凱莉
定價：300元
兩性專欄作家凱莉，以犀利、幽默的口吻，直指關於愛情、婚姻、閨蜜情誼等各種疑難雜症，以真實案例與故事，和讀者分享這些你我都可能遇到的人生難題，一起學習如何愛。

我走了很遠的路，才來到你的面前

作者：小馬哥
定價：320元
這本書，寫給每個懷抱理想卻猶豫的靈魂，寫給所有在大城市打拚的年輕人。告訴你，即使在現實中浮沉，也要懷揣未來的藍圖，就算生活遭受逆境，心中還是要住著一頭獅子。讓這些真實的故事與溫暖的語錄，為你點燃希望的燈火，照亮前行的路。

潛意識
【讓催眠心理學帶你創造美好的生活】
自癒力

潛意識自癒力：讓催眠心理學帶你創造美好的生活

作者： 張義平（幽樹）
定價：350元
開啟一趟潛意識的旅程，重新解析自己，了解孤獨、自卑、恐懼、壓力的原因，靠自己的力量撫平生命中的挫折與傷痛，迎接美好的未來。

睡覺
也需要練習
治療失眠從活化心靈開始
24週讓你一夜好眠

睡覺也需要練習：治療失眠從活化心靈開始，24週讓你一夜好眠

作者：劉貞柏（阿柏醫師）
定價：320元
遠離失眠與焦慮的惡性循環！不吃藥也能好好睡。透過練習，重新認識自己，活化心靈，用24週的時間帶你擺脫失眠，回歸正常生活。

職場的奮鬥故事

直到最後的最後，我都會堅持下去！
小律師的逃亡日記2

作者：黃昱毓
定價：330元
人生最困難的從來不是考試學習、挑戰未知；真正難的是將改變的念頭付諸實行，並且持續不放棄。學習小律師不藏私的時間規劃、語言學習……一步一腳印往目標靠近。

藥學系學什麼：除了藥理學、藥劑學、生藥學……，永遠學不完的藥命人生。

作者：藥學系邊緣人
定價：340元
除了藥劑學、藥物學……藥學系竟然也要面對大體老師？如願考上了藥師證照，你就一定找得到工作？藥學系到底在學什麼，藥師到底要做什麼？且讓本書作者告訴你！

三萬英呎高空的生活：一名空姐的流水帳日記

作者：王小凡
定價：320元
機艙內，有同事情誼、也有乘客緣分；機艙外，有旅行趣事、也有職場冷暖。我在三萬英呎的高空上，打卡上班。這是我的空姐日記，也是我珍貴的回憶！

醫生好忙！
看診、巡房、開刀之外，詼諧又真實的醫界人生

作者：蓋瑞醫師
定價：280元
蓋瑞醫師熬夜寫下的醫院故事、各種需要秒反應的突發狀況，只想讓你知道，這不是搞笑電影情節，這是醫師的真實人生。

地址：　　　　縣/市　　　　鄉/鎮/市/區　　　　路/街

段　　巷　　弄　　號　　樓

廣　告　回　函
台北郵局登記證
台北廣字第2780 號

SANYAU

三友圖書有限公司 收

SANYAU PUBLISHING CO., LTD.

106　台北市安和路2段213號4樓

「填妥本回函，寄回本社」，
即可免費獲得好好刊。

\ 紛絲招募歡迎加入 /

臉書／痞客邦搜尋

「四塊玉文創／橘子文化／食為天文創
三友圖書——微胖男女編輯社」

加入將優先得到出版社提供的相關
優惠、新書活動等好康訊息。

四塊玉文創×橘子文化×食為天文創×旗林文化

http://www.ju-zi.com.tw

https://www.facebook.com/comehomelife

親愛的讀者：

感謝您購買《小資女職場血淚向前衝：生活就是一邊前進，一邊轉彎》一書，為感謝您對本書的支持與愛護，只要填妥本回函，並寄回本社，即可成為三友圖書會員，將定期提供新書資訊及各種優惠給您。

姓名 ________________ 出生年月日 ________________

電話 ________________ E-mail ________________

通訊地址 ________________

臉書帳號 ________________

部落格名稱 ________________

1 年齡

□ 18 歲以下 □ 19 歲～ 25 歲 □ 26 歲～ 35 歲 □ 36 歲～ 45 歲 □ 46 歲～ 55 歲
□ 56 歲～ 65 歲 □ 66 歲～ 75 歲 □ 76 歲～ 85 歲 □ 86 歲以上

2 職業

□軍公教 □工 □商 □自由業 □服務業 □農林漁牧業 □家管 □學生
□其他 ________________

3 您從何處購得本書？

□博客來 □金石堂網書 □讀冊 □誠品網書 □其他 ________________
□實體書店 ________________

4 您從何處得知本書？

□博客來 □金石堂網書 □讀冊 □誠品網書 □其他 ________________
□實體書店 ________________ □ FB（四塊玉文創／橘子文化／食為天文創 三友圖書 —— 微胖男女編輯社）
□好好刊（雙月刊） □朋友推薦 □廣播媒體

5 您購買本書的因素有哪些？（可複選）

□作者 □內容 □圖片 □版面編排 □其他 ________________

6 您覺得本書的封面設計如何？

□非常滿意 □滿意 □普通 □很差 □其他 ________________

7 非常感謝您購買此書，您還對哪些主題有興趣？（可複選）

□中西食譜 □點心烘焙 □飲品類 □旅遊 □養生保健 □瘦身美妝 □手作 □寵物
□商業理財 □心靈療癒 □小說 □繪本 □其他 ________________

8 您每個月的購書預算為多少金額？

□ 1,000 元以下 □ 1,001 ～ 2,000 元 □ 2,001 ～ 3,000 元 □ 3,001 ～ 4,000 元
□ 4,001 ～ 5,000 元 □ 5,001 元以上

9 若出版的書籍搭配贈品活動，您比較喜歡哪一類型的贈品？（可選 2 種）

□食品調味類 □鍋具類 □家電用品類 □書籍類 □生活用品類 □ DIY 手作類
□交通票券類 □展演活動票券類 □其他 ________________

10 您認為本書尚需改進之處？以及對我們的意見？

____

感謝您的填寫，
您寶貴的建議是我們進步的動力！

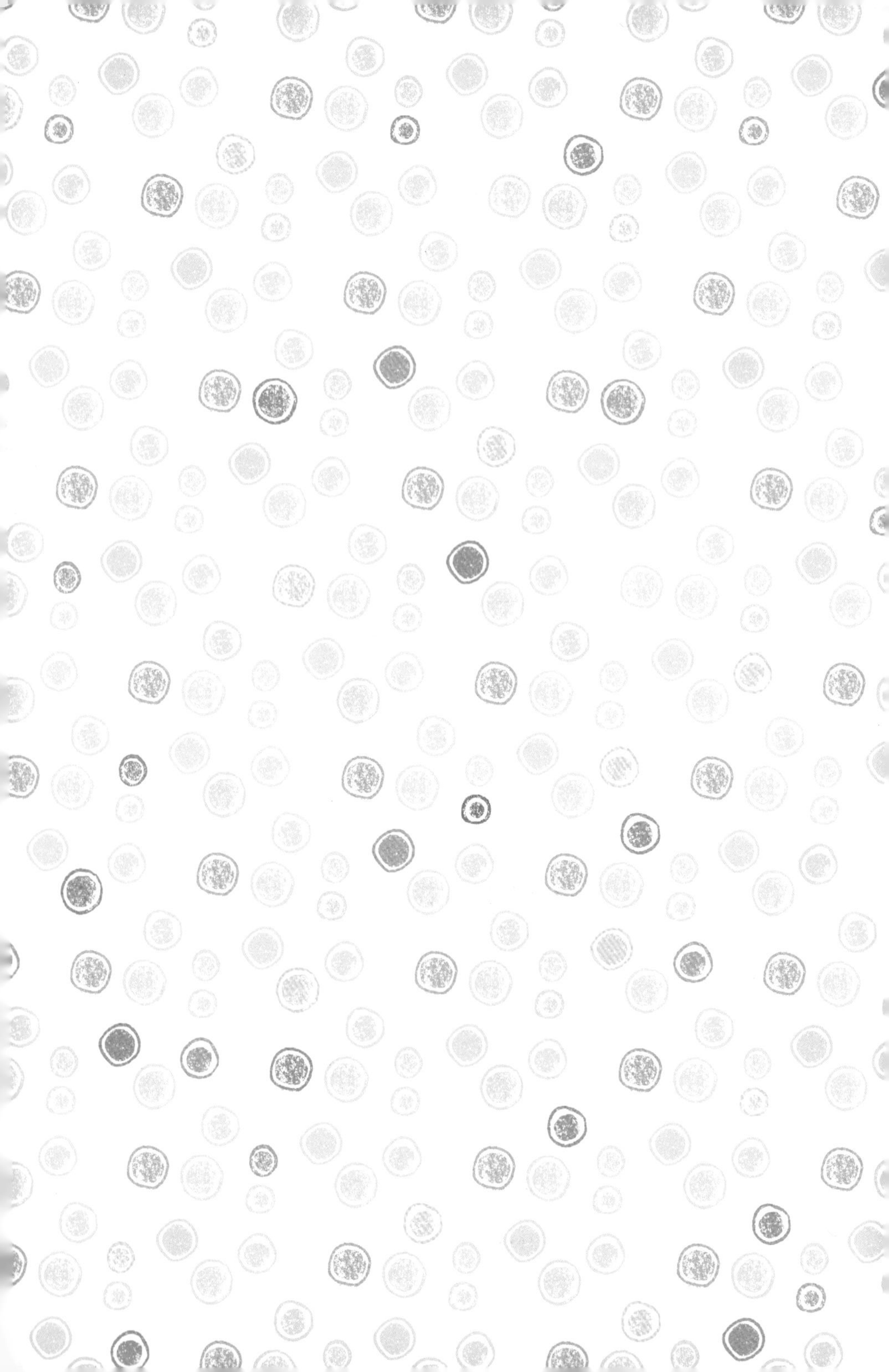